JN495297

들꽃의 노래

들꽃의 노래

시 주종연
사진·편집 이상옥

(학)신구학원 신구문화사

머리말

시가 꽃을 통해
꽃이 시에 얹혀
새로운 꽃으로 탄생되는가

시로써 상상 속에
또 다른 꽃을 피워 본다
우계 이상옥 교수가 채록한
들꽃 사진에 의탁하여

2026년 1월
주 종 연

차 례

여름

늦여름-가을

일러두기

1. 이 책에 수록된 120여 편의 시 중에서 더러는 같은 제목의 시가 두세 편씩 있는데 이는 시인이 여러 해에 걸쳐 같은 들꽃을 거듭 읊었기 때문이다.
2. 시인은 같은 종의 들꽃을 두고 다른 제목의 시를 쓰기도 했다. 이를테면 제비꽃을 오랑캐꽃이라고 부르고, 복주머니란을 개불알꽃이라고 부르기도 했지만 시의 내용과 분위기를 존중하여 제목을 수정하거나 통합하지 않고 원제 그대로 존중하기로 했다.
3. 모든 시는 되도록 꽃의 개화 시기순으로 배열되었다. 개화 시기는 독자들이 편리하게 참고할 수 있도록 네 계절로 나누었다. 제1부 초봄, 제2부 늦봄과 초여름, 제3부 여름, 그리고 제4부 늦여름과 가을은 각각 해당 시기의 꽃을 읊은 시를 수록하고 있다. 하지만 식물의 개화 시기는 자생지의 위치와 해발 고도에 따라 다를 수 있으므로 이 시기 구분은 엄밀하지 않고 임의적임을 밝혀둔다.
4. 사진은 모두 이상옥이 촬영한 것이며 독자들의 이해를 돕기 위해 이따금 편집자의 설명을 덧붙이기도 했다.

초봄

복수초

눈 속에도
저리 예쁜 꽃이
피어나네요

흰 이불 헤집고
노란 자태 드러낸
복스런 얼굴

행여 감기라도 걸려
기침하며 시들까
따스한 빈손으로 감싸곱은
한갓된 마음이여

버들강아지

어미 젖 물고
곤하게 잠든
강아지 꼬리에도
봄볕이 감돌았지

새봄이 오면
강아지들은 개울가
버들가지에 매달려
어릴 적 단꿈을 꾸는 걸까

몸통은 보이지 않고
어린 꼬리들만이
봄바람에 봄 물결에 살랑이네

버들강아지는 하얀 털이 송송한 채로 월동하는 갯버들 개지를 속칭하는 말이다. 이 개지는 봄이 되면 작고 예쁜 꽃들을 피운다. [편집자]

매화

세상이 얼고
뜨락엔 찬기 아직 머물고 있는데
어린 나뭇가지에 숨은
저리 수줍디 수줍은 하얀 웃음

닫혀 있는 내 가슴에
훈풍처럼 일렁이네

문득 창문 열고
노랗게 웃고 있는 태양
새삼스레 쳐다보며
너를 따라
한껏 기지개 켜보다

변산바람꽃 1

행여 찬 바람 맞을세라
하얀 보자기로
연청색 수술 감싸고
피어나는 얼굴이여

시집가는 날
면사포 갓 벗은
새각시 얼굴 같구나

겨우내 웅크렸던
허리 곧추세우고
너의 얼굴에 눈 맞춘 채
기지개 한번 크게 켜 본다

변산바람꽃 2

어쩌면 저리도
청초한 모습으로 태어날까
변산바람꽃은

병풍 친 먼 산 기슭엔
상기도 희끗희끗
잔설이 남아 있는데
봄바람보다 앞서
여기 뒷동산 바위틈에
수줍게 모습 드러내다니

심술궂은 시샘 바람에
행여 감기라도 걸릴세라
네 앞에 꿇어앉아
따스한 빈손으로
찬바람 막아줄까나

너도바람꽃

두 팔 뻗고
기지개 한번 펴보렴

뽀얀 얼굴 들고
방끗 웃어보렴

산들바람 맞춰
온몸으로 춤추니
너도 바람꽃
나도 바람꽃

만주바람꽃 1

네 조그만 귀여운 얼굴이
내 눈 속에
아니 가슴 속 깊이 박힘은
그 언제 어디선가
만난 적 있는 어렴풋한
기억 때문이려니

아!
어린 시절 두만강 어귀에서
찬 바람 맞으며
함께 자라온 그 인연
내 어찌 잊을 수 있을소냐

가던 걸음 멈추고
주름진 두 손으로
조심스레 조심스레
네 얼굴 쓰다듬다

만주바람꽃 2

아직 찬기 감도는
양지바른 둔덕 밑에
하얗게 수줍게 웃는 모습
내 어찌 잊을 수 있을소냐

나를 키운 것은
팔할이 바람이라던
어느 선인의 말처럼
너와 나는 진작
만주 땅에서 불어오는
세찬 바람 맞으며
함께 자라온 친구려니

따스한 남쪽 땅에서
오늘 네 모습 대하니
잊었던 형제 만난 듯
눈물이 앞서누나

만주바람꽃 3

처녀 몸으로 끌려간
북쪽 땅이 그리워서가 아니다
우리를 지켜주지 못한
이 땅의 남정네들이 미웠다

운 좋게 고국으로 간신히 돌아왔건만
화냥년이라 멸시한
못난 저들이 더 싫어
저승길 택했노라

혹여 내 죽어 흰 꽃으로 환생하거든
만주 쪽 바람이 불어오는 봄날엔
나 잠시 이 땅에 머물다
떠나갔음을 기억해다오

– 어느 화냥년의 유언

병자호란 때 청국 군대에게 붙잡혀 끌려 간 아낙네들이 온갖 수모를 겪은 후 귀국하자 항간에서는 그들을 환향녀(還鄕女)라고 불렀고 이 말에서 화냥년이라는 비속어가 나왔다는 설이 있다. [편집자]

만주바람꽃 4

그 옛날 이 땅에 쳐들어온
호마의 말발굽에 묻혀
예까지 내려왔나

아니면 여기 따스한 남쪽 땅에서
살아 돌아가지 못한
어느 젊은 오랑캐 병사의 넋이
환생한 자태련가

해마다 북쪽에서
드센 모래바람 일기 시작하면
어김없이
하얗게 얼굴 내미는
만주바람꽃

들바람꽃

상기 찬기 가시지 않았는데
곱기도 해라
어쩌면 저리도 맑은 얼굴로
웃음 머금을까

세상 태어남이
그리도 기뻐
찬바람 마다하고
활짝 웃고 있나

티 없이 맑음 시샘에
행여 짓궂은 바람의 심술
감기라도 옮길세라
두 손 모아
감싸고픈 마음이여

노루귀 1

봄이 오면
노루귀에도 꽃이 피나요

쫑긋이 세운 두 귀엔
천상의 소리 들리려니

가생이에 맴도는 눈망울
재 넘어 남쪽 하늘 어디메선가
서성이는 님 기다리는 마음일터

노루귀 2

바위 틈에 숨어
귀를 쫑끗거리는
꼭 네 모습 같구나 놀가지야

봄 바람 불면
숫사슴처럼 네 귓불에도
피가 용솟음쳐
저리 고운 붉은 꽃 피우겠지

예쁜 귀 자랑 말라
혹여 돈에 눈 어두운 사람들
너마저 따 가버리면
이 땅에 노루는 전설 속에만 남게 된단다

놀가지: 노루의 함경도 방언

노루귀 3

하늘 쳐다보며
웃음 짓는 해맑은 모습이여
세상 태어나
처음 지어보는
기쁨의 몸짓이려니

사슴 뿔에 새 가지 돋듯
물 오른 노루귀도
지금쯤 네 모습 닮아
불그스레 꽃 치장 했으려니

허나 시샘 많고 욕심 많은 사람들
행여 해칠까 걱정되는
두려운 마음이여

처녀치마

노랗게 웃음 짓는
민들레꽃에 입 맞추려나

허리 굽힌 처녀의
보랏빛 주름치마 밑

뽀얀 달항아리빛 종아리
햇볕에 눈부시네

꿩의바람꽃 1

바람 한 점 없는 날엔
풀잎도 멈춰 서고
구름조차 흐르지 않네

목숨 가진 것들의
숨소리조차 고요한
양지바른 후미진 곳에
앙증맞게 내민 새하얀 얼굴

꿩의 날개짓으로라도
바람 일으켜
웃는 얼굴로 춤추게 할까나

꿩의바람꽃 2

대관령 산마루에도
미시령 고갯길에도
상기 잔설 희끗희끗한데
겨울 추위 이겨낸 장끼 몸짓에
아니면 까투리 찾는 울음소리에
화다닥 놀라 깨어났나

세상 향해 하얗게 웃어대는
너희 모습 바라보니
초등학교 갓 입학한
쪼무래기들 웃음소리
귓속에서 메아리치네

그간 움츠렸던
주름진 내 얼굴에도
오늘따라 환한 따스한 바람
일렁이는 듯하누나

나도바람꽃

바람 부는 날엔
어찌 너만 움찔할소냐

님 오시는 날은
나도 마음 설렌다

나도야 바람꽃
따스한 피 흐르는 바람꽃

바람꽃

바람을 본 적 있느냐
보리밭 춤추고 물오른 수양버들
흔들리는 것 보았지
송림 지나는 쏴쏴 소리만 들었지

오늘 저기 양지바른 곳에서
화사하게 웃음 짓는
저 뽀얀 얼굴

거기 그 자리서
바람 맞으려
내내 서 있었단 말인가

이「바람꽃」이라는 제명의 시는 특정한 바람꽃을 염두에 두고 쓴 것이 아니다. 이름 앞에 아무런 접두어도 붙어 있지 않은 '바람꽃'이 실재하지만 해발 1,500미터가 넘는 고산지대에서나 볼 수 있는 귀한 식물이다. 여기서 시인이 읊고 있는 꽃은 그 바람꽃이 아니고 다른 어떤 특정한 바람꽃도 아니며 봄철에 볼 수 있는 여러 종의 흰색 바람꽃을 두루 아우르고 있다. 사진은 봄철에 꽤 높은 산에서 볼 수 있는 아주 드문 태백바람꽃이다. [편집자]

할미꽃

들판엔 아직 찬기 감돌아
봄나물 마저 세상 나서기 주저하는데
묵은 덤불 헤집고
성급히 얼굴 내밀다니

두려움 때문일까
수줍음에서인가
면사포 쓰고 고개 숙인 폼
낯선 동네 시집온 신부 같구나

얼마 지나면
온몸이 털보숭이 피어
자주빛 웃음 머금겠지만
새각시 처럼 고개숙인
너의 첫 자태
오래오래 가슴속 깊이
간직하곺은 마음이여

깽깽이풀 1

시샘일까 심술일까
앙증맞게 저리 고운 꽃을
깽깽이풀 꽃이라 부르다니

이웃 나라 중국사람들은
조황련(朝黃蓮)이라 하며
해맑은 연꽃으로 귀히 여겼다던데

봄날 햇살 받으며
양지바른 곳에 수줍게 내민
맑디맑은 얼굴
장난기 심한 강아지 녀석마저
너를 탐내다 싸리 회초리 맞아
도망가며 질러댄 목소리
아직도 그 주변 맴돌고 있네
깨갱깨 깨갱깨
깨개갱 깨개갱

깽깽이풀 2

그 누가 말했던가
꽃으로라도
아이들을 때리지 말라고

봄철 후미진 곳에
잘 다듬어진 막대 끝에
무리져 솟아난 깽깽이풀 꽃

댓돌 위에 가지런히 벗어 놓은
아끼던 신발
물어뜯으며 장난치는 강아지
후려치기 좋은 회초리라도
쓰지 말지니
어린것들 깨개갱 깨개갱
엄살 부리며 마루 밑으로
숨어버릴 테니까

길마가지나무 꽃

꽃 속에 부리 꽂고
꿀에 탐닉하는 벌새의 모습인가
아니면
드디어 짝을 찾아낸
암컷 앞에서 펼쳐 보이는
수컷의 황홀한
기쁨의 몸짓인가

대지를 향해
하늘을 향해
아니
우주를 향해
펼쳐 보이는
환희의 표정
멍하니 지켜보는
메마른 나의 눈동자여

산괭이눈

아직 찬바람
머물고 있는 곳에
여럿이 한데 모여
하늘 우러러 노랗게 웃는 모습
참으로 반갑구나

들판에 갓 피어난 민들레꽃도
초등학교 담벼락의 개나리꽃도
닭장에서 막 깨어나
어미 품에 숨어 있는 햇병아리도
모두 노란색

정녕 세상은
온통 노랑으로
갓 태어나나 봐

족도리풀

봄이 깊어지고
여름이 채 오시기 전
너도 시집 가곺은가
검정색 족두리 쓰고

넓고 푸른 떡잎에 가려
혼기를 놓칠세라
그 밑둥이에서
매혹적 자태 뽐내는
과년한 처녀의 조바심이여

나 이제 아랫마을 꽃밭에 내려가
애달픈 마음 눈치 못 챈
벌과 나비를 몰고 와
너희 얼굴 앞에 풀어 놓을까나

히어리

구천 헤매는
님을 향한 마음의 표시려나
어리 어리 히어리
그 옛날 어느 왕자가
왕관마저 마다하고
사랑에 빠졌다는
그 여인의 넋인가

추위가 아직 가시지 않은 초봄
줄줄이 매단 노란 초롱꽃은
죽어서도 못 잊는 님 향한
마음의 징표려니

오백년 세월에도 해마다 봄철 돌아오면
노란 초롱불 밝히는
한갓된 연인의 마음 히어리여

진달래꽃 1

흐드러지게 진달래 꽃피는 날엔
동무들과 뒷동산에 올라
꽃잎 따 먹으며
온통 빨개진 입속 드러내며
희득거렸지

언제인가 그 옛날
시집가는 누님이
곱게 받쳐 입은 모본단 저고리도
진달래 빛이었던가

나 없는 고향 땅 뒷동산엔
지금도 진달래 곱게 피는가
해마다 봄이 오면

진달래꽃 2

동구 밖
야산의 진달래는
세월 따라 역사 따라
멀겋게 변색된 걸까

저기 아스라이 높은
절벽 바위 틈에
연지찍고 곤지찍은
새각시 처럼
수줍게 웃고 있는 진달래꽃

어릴 적 고향 땅에서
진종일 너를 따먹고
빨개졌던 그 입술 다물지 못한 채
부끄러이 너를 쳐다보다

절벽에 피어난 진달래꽃

사람도 짐승도 범접하지 못하는
가파로운 바위 절벽 중간에서
저리도 고운 빛깔
그대로 간직하고 있다니

오랜 세월
야산에서 뒷동산 계곡에서
흐드러지게 핀 진달래꽃이
멀겋게 빛이 바랬건만
너는 용케도 본색을 지키고 있더구나

아! 언젠가 내 어릴 적
고향 땅에서 보았던 그 모습
오늘 다시 보는 것 같아
눈물이 앞서누나

금오산 진달래꽃

거기 금오산
깨끼저고리 치마 받쳐 입은
새각시 같이 옛 모습 그대로
온통 진분홍으로 단장하고
산기슭에 피어 있다니

다들 떠나간 고향 땅을
홀로 지키고 있는
외롭고 아름다운 마음이여

해질 녘
어릴 적 노닐던 산하
오랜만에 찾아 헤매다
곱디고운 너 앞에 멈춰 서서
눈물 어린 눈으로
쓰다듬고 또 쓰다듬다

철쭉꽃

어린 시절
북관의 내 고향에선
오월에사
새각시 볼 위 연지보다
더 붉게 철쭉꽃 피었었지

여기 남녘 땅에서
반가운 네 모습에 취해
열 번이고 백 번이고
고운 얼굴 쓰다듬다

지금쯤 어디선가 아주 멀리서
뻐꾸기 울음소리 들리는 듯하이

여기서 시인은 철쭉꽃을 보며 어린 시절 관북지방에서 본 "새각시 볼 위 연지보다 / 더 붉게" 핀 꽃을 회고하고 있는데 아마도 그가 보았던 꽃은 그 진한 색깔로 비추어보아 그냥 철쭉꽃이 아니고 산철쭉꽃이었음이 분명하다. 하지만 '철쭉'에 대한 시적 연상에 있어서 이 두 가지 철쭉의 혼동이 무슨 문제가 될 것인가. [편집자]

늦봄 - 초여름

애기나리

그대 고개를 들라
무엇이 부끄러워
얼굴 숙이고 있나

장난꾸러기 산들바람
아니면 차츰 강해지는 햇볕에
얼굴 그을리까
머리 숙였나

지나가던 걸음 멈추고
땡볕과 심술쟁이 바람 막아줄 테니
나를 쳐다보며
방끗 웃어보렴

나도개감채

천만년 엎드려 있던
바위가 내민 하얀 손
산들바람에 눈이 시리구나

색불이공 色不異空
공불이색 空不異色
색즉시공 色卽是空
공즉시색 空卽是色
오랜 묵상이 빚어낸
각성의 목소리

지나가는 나그네
걸음 멈추고
오랜 인고가 빚어낸
밀어에 귀 기울이다

찔레꽃

그렇지 해마다 오뉴월이면
찔레꽃 향기 골짜기 덮고
뻐꾸기 울음소리 처량히 울렸지

어린 시절 내 고향
신당으로 차려진 동구 밖 국시바위
주변의 찔레나무 가지엔
오색 헝겊 펄럭였고
지푸라기로 만든 각시들
어지러이 널려 있었지

알싸한 꽃향기 맡으며
겁먹은 어린 걸음으로
총총이 지나쳤던
그때 그곳에도 지금쯤
찔레꽃 피고 있는가

앵초 1

얼마나 가슴 벅찬 일이기에
꽃잎마다 다섯 개의 심장
두근거리며 세상 태어났나

한 가지에
여럿이 함께 가지런히
웃음 피우는 자매들

시간의 흐름 속에
덧없이 시들기 전
실컷 웃어보렴
온 풀밭이 울리도록

한 송이의 앵초 꽃은 다섯 개의 하트형 꽃잎으로 구성되어 있다. 시인은 이 특징에 착안하고 시를 썼다. [편집자]

앵초 2

무슨 사연이 있기에
하늘의 작은 별 하나
오각(五角)의 선명한 모습으로
네 가슴에 안겨
곤히 잠들어 있나

양귀비에 취한 듯
훤한 대낮인데도
고향 하늘 돌아갈 줄 모르고
그대로 잠들어 있네

달무리 지는 오늘 밤
둥근 달이 중천에 걸려 있거든
어린것 하늘에 돌려 보내려므나
앵초여 품 넓은 여인이여

앵초 3

꽃샘바람에
휘날려 간 줄 알았던 벚꽃이
여기 뒷동산 후미진 곳에
풀꽃 되어 소북히 쌓여 있다니

꽃잎마다 아로새긴
사랑의 징표는
벚꽃나무 밑에서
말 못한 마음속 앙금이려니

그때 나눈 사랑이
천국의 문을 여는 열쇠였음을
먼 훗날에사 깨달을
그대 향해 씁쓸히 웃고 있네

구슬붕이 1

어렵게 살다 보니
물려받은 것 별로 없어
시집오는 새각시 목에
진주 목걸이 하나 걸어주지 못한 게
내내 가슴에 맺혔지

오늘 동네 뒷산 거닐다
언덕 양지바른 곳
여기 저기
진주빛으로 하얗게 웃고 있는
앙증맞은 구슬붕이

네 모습 보자 하니
어렸던 새각시 빈 목이 시려와
문득 주름진 내 모가지
쓰다듬다

구슬붕이 2

이보다 더 예쁜
웃음 있을소냐
갓난쟁이 두 손 펼쳐
하늘 향해 재롱떨듯
세상 태어남이
그리도 기쁜가

산골짜기 후미진 곳에
소리 없이 내 민
보라 빛 얼굴

지나가던 나그네
저 찬란한 묵음에 어울릴
웃음의 의미 찾아
네 앞에 걸음 멈추다

은방울꽃 1

어려서 누이들은
유난스레
은방울꽃 고와했지

알알이 맺힌 진주 덩어리
새각시 때 족두리에
매달려 했나

푸른 잉크병에 꽂으면
파란 핏줄
붉은색 잉크병에선
빨간 핏줄

노인이 된 이제
손등에 돋아난 푸른 핏줄 보며
하마 웃펴하실까
누이들은

은방울꽃 2

어떤 꽃은 들판에서
어떤 꽃은 골짜기 후미진
태어난 곳에서
제일 예쁘듯
푸른 잎 병풍 삼고
줄줄이 달려있는
곱디고운 은방울

어린 소녀 때부터
나이 들도록
가슴속 깊이 간직하고 있는
누이들의 그 마음
오늘에사 알듯도 하구나

모란

시골 규수댁 앞마당에
널어놓은 풀빛 이불에
그 누가 저리 탐스런
모란꽃 수 놓았나

시집 보내는
따님에게 바라는
부모님의 간절한 마음
하늘에 전해졌을까

길가는 나그네
멈춰 서서
다소곳 얼굴 숙인
화사한 모습에 숨겨진
속뜻 헤아려 보다

연령초 1

부모 따라 왕궁 나들이 갔다
머리에 꽂았던
산딸나무 꽃송이
여기 산기슭 풀숲에
얹어 놓고 간
소녀의 마음이여

세모난 받침 위의 세 잎
단출한 네 얼굴에 취해
산벌들이 모여와 춤추누나

하늘 향해
마냥 웃고 있는
해맑은 모습에
가던 길 멈추고
조금은 젊어진 마음으로
눈 속에 담아보다

연령초 2

산 높은 그곳
풍성한 풀빛 치마에
온몸 가리고
다소곳이 들어낸 세모진 하얀 얼굴
눈부시네

근엄한 네 모습에
탐욕스런 꿀벌조차
근접 못하고
네 주변 맴돌다
떠나 가누나

수정할 혼기조차 놓쳐
짝도 못 찾은 채
그저 고고하게 생을 마칠까
염려되는 실없는 조바심이여

백작약

새하얀 얼굴이
하늘 쳐다보면
잘 구어 낸 백자 보시기 같고
수집어 고개 숙이면
어린아이 손에 들린
작은 등불 같구나

아직 찬기 가시지 않은
산속 후미진 곳에
머뭇머뭇 웃음 짓는
가녀린 따님들
무엇이 급해
뒤울안 모란 보다
일찍 얼굴 내어 미나

산속 외진 곳에
쓸쓸이 해맑게 웃고 있는
네 앞에서 떠날 줄 모르고
넋을 잃은 채
걸음 멈추다

쥐똥나무 꽃

쥐똥나무 꽃은
그 이름과는 달리
참으로 고담스레 보이누나

여럿이 한데 모인 꽃 무리는
지난날 광목옷 일색이던
동네 아낙들의 모임

다소곳 머리 숙인
후덕한 자태는
우리네 어머니들
젊은 날 모습이려니
새삼스레 따스한 빈손으로
쓰다듬다

조팝나무

어려서 북관땅에서는
이팝 한 그릇이 소원이었지

조밥에 수수밥
강냉이밥 도토리밥
풀기 하나 없는 피밥 먹는 날은
알알이 날아갈세라
입 다물고 오물오물 씹었지

종달이 떠난 지 오랜 빈 들녘
가지마다 소복이 담긴
조팝 쓰다듬으며
어릴 적 허기 달래 본다

복주머니란

그 옛날
북쪽 멀리
차이코브스키의 호숫가엔
백조들이 무리져
구슬픈 가락 맞춰 춤 췄다지

오늘
물 맑고 해 밝은
여기 산기슭엔
무희들이 외발로 서서
먼 하늘 지켜보네

불그스레 물든
서켠 하늘 우러러
이 땅에서 날았다는
비천상 그리워하며

개불알꽃

개불알도
저리 화사하게 환생하나요
봄날엔

온 동네 무리져 쏘다니던
똥개들
다들 어디메 사라졌나

마른 호두 알 두 낱
진종일 주물럭대는 시골 노인 처럼
따스한 손바닥으로 굴리곮은
젊은 마음이여

널리 알려진 대로 개불알꽃은 향명(鄕名)으로 그 추천명은 복주머니란이다. 하지만 여기서는 시인의 작의(作意)와 개불알꽃이라는 이름의 해학성을 존중하여 시의 제명을 「복주머니란」으로 고치지 않고 그대로 둔다. [편집자]

미치광이풀

어느 억울한 죽음의 화신이기에
저리 강한 독기 품고
초봄에 환생하나

아직도 머리끝까지 화가 치밀어
붉다 못해 검게 이글대다니
믿었던 사람의 변심에서일까
벗을 수 없는 누명 탓에서일까

저승에서조차 미쳐서 잠 못 드는
억울한 영혼이여
길 가던 나그네
그대 앞에서 합장하고 기원하노니
이승에서의 원망일랑 걷우시고
극락왕생하소서

민들레

아라 담뽀뽀!
초봄 들판 서성이다
양지바른 후미진 곳에서
처음 만난 꽃 너를 보고
무심코 뱉은 말이 일본식 이름

민들레야
수줍게 웃고 있는 민들레야
너를 지켜주지 못했던
이 땅의 못난 사람들이 싫어
그 뽀얗던 하얀 얼굴
노랗게 바뀌었나

팔십년도 더 지난 세월
팔뚝의 우두 자국처럼
뇌리에 각인된 흔적 부끄러워
계면쩍은 얼굴로
너를 따라 노랗게 웃어 본다

일반적으로 알고 있는 민들레 꽃은 색깔이 노랑이다. 그런데 오늘날 우리가 볼 수 있는 민들레는 대부분 서양민들레이며 토종 민들레는 좀처럼 만날 수가 없다. 이 두 가지는 꽃받침의 생김새로 구별된다. 간혹 흰민들레(Taraxacum coreanum)를 볼 수 있는데 공교롭게도 그 꽃받침이 토종 민들레의 꽃받침처럼 생겼다. 종소명 coreanum에 암시되어 있듯이, 어떤 의미에서는, 이 흰민들레야말로 우리의 토종 민들레라고 할 수도 있겠다. 이 점을 아는지 모르는지 시인은 혜안을 가지고 위 시를 쓴 듯하다. [편집자]

나팔꽃

폐교된 지 오랜
시골 초등학교 쓰러진 담벼락에
나팔꽃 줄지어 피어 있네

나팔꽃 입에 물고 노래부르던
어린 친구들 시방 어디서 무엇 할까

따따따 따따따
주먹손으로
따따따 따따다
나팔 붑니다
우리들은 어린 음악대
동네 안에 제일가지요

나팔꽃 한 송이 입에 물고
잡초 우거진 교정 서성이다 보니
내 귓속 깊고 어두운 곳에서
그 어린 목소리들 은은히 울리는 듯하다

둥굴레

무슨 간절한 속사정 있기에
밝은 대낮에
백사초롱 줄줄이 걸어 놓았나

이승에서 맺은 인연 채 익기도 전
저승으로 떠나보낸
어느 청상의 한 맺힌 원망일까
아니면 집 떠난 지 오랜
아버지의 귀환 목메어 기다리는
어린것들의 간절한 소망일까

행여 돌아오는 길 잊을세라
그리운 마음 불태워
대낮에도 불 밝혀 내 건
백사초롱이여

광대나물

곱디고운 분홍색 옷 갖춰 입고
선녀들이 모여 있구나
그리고 저기
고깔 쓴 무희들이
하얀색 긴 소매 펄럭이며
승무에 취해 있다니

청명한 하늘 아래
후미진 산골짜기
아무도 없는
여기 숲속에서
여승은 고깔 쓰고
천상의 소리 맞춰
바라춤 춘다

누구를 위한
진혼의 몸짓이기에
밤새워
낮달이 하얗게 중천에 걸리도록
춤을 추는가

기린초

물기 하나 없는 돌담에서
긴 모가지를 내민 것이
사막에서 두리번거리는 기린 같아
기린초라 불리었나

초등학교 담벼락에
폭포수처럼 쏟아지던
노란 개나리도 떠난 지 오랜데
오뉴월 땡볕에
가로늦게 고개 내민 꽃이여

뒤늦은 안타까운 마음
나비들이 알아내고
네 얼굴에 번진 눈물
날갯짓으로 닦아주누나

매발톱 1

무슨 족발집 진열장도 아닌데
몸통은 간데없고
매발톱만 잔뜩 거꾸로 매달려 있네

꿀을 탐하는 새들이 덤벼들까
저리 사나운 모습 하고 있나

아서라 말아라
행여 벌도 나비도 겁먹은 채
가까이하기 저어하면
행여 혼기 놓칠까 걱정되는
부질없는 노파심이여

매발톱 2

노란 병아리 움켜쥐듯
하늘 향해 발톱 추켜세우면
누가 두려워할 줄 아나

뱁새도 곤줄박이도
곁눈질 하나 없이
매발톱 너의 밑에서 먹이를 쫀다

봄날 암컷 찾아
꿱 소리 질러대는 장끼 외침에도
온몸 소스라치는
이름만 사나운 가련한 풀꽃이여

요강나물

깊은 산 속 후미진 곳에
무쇠 요강 걸려 있음은
어느 여인이 젊어서 사별한
서방님을 추념함인가

쇳소리 찌렁찌렁
울림이 컸던
첫날밤의 기막힌 순간
못내 잊지 못해서려니

그 여인마저 떠난 세상
요강만이 덩그러니 남아
추억처럼 쇳빛으로
거꾸로 걸려 있네

붓꽃

어쩌면 저리도 선명한
보랏빛 붓이
고추 세워져 있나

초록 일색의 싱그러운
풀밭 도화지 위에
마음 내키는 대로
그림 그리라는 심사일까

곧게 치솟은 붓대
푸른 풀밭과 잘 어울리거늘
또 다른 그림 그려 무삼하리요

오랑캐꽃

아직 추위가 가시지 않은
들판 후미진 곳에서
날 반겨 수줍게 보랏빛 웃음짓는 너

아!
나는 너를 세 번의 다른 이름으로 불렀지
어린 시절 두만강변에서는 오랑캐꽃
학교 들어가서는 스미레
여기 임진강가에서는 제비꽃이라고

달밤 그림자처럼
날 따라 예까지 쫓아왔나
고맙다 고맙다
나 오늘 따스한 빈 손으로
널 보듬어 줄거나

제비꽃에는 오랑캐꽃, 앉은뱅이꽃, 씨름꽃 같은 여러 가지 향명이 있다. '오랑캐꽃'이라는 이름은 꽃대의 꼬부라진 윗부분이 만주 땅 오랑캐들의 변발(辮髮)을 연상시키는 데서 연유했다는 설이 있다. 여기서는 시인의 작의를 살려 시의 제목을 「제비꽃」으로 고치지 않고 그대로 둔다. [편집자]

삼지구엽초

한 가지에 세 송이 달린
수줍음 띤 네 모습
가을날 밤송이 삼 형제 같구려

날카로운 가시 돋친 밤송이 까면
알밤 세 형제 한 방에
오순도순 정겨워 보여
입속에 넣고 오도독 까먹기
민망했었지

강한 독성으로 스스로를 지키려 했지만
영악한 인간들 발정제로 쓰다니
너희들을 고아 먹으며 희득거리는
인간들 제발 용서하려므나

삼지구엽초는 셋으로 갈라진 가지에 각각 세 장씩의 잎이 매달려 있어서 붙여진 이름이다. 전초가 한방에서 음양곽이라는 정력제로 쓰이고 또 꽃이 예쁘기 때문에 함부로 채취되어 자생지에서는 좀처럼 눈에 띄지 않는다. [편집자]

이팝나무 꽃

나 이제 일어나
들판으로 갈까나
엷은 실바람에도
둥둥 어미 곁을 떠나는
민들레 꽃씨 전송하러

가지마다 소복이 쌓인 꽃으로
어린 날 허기 달래주던
이팝꽃 바래기 위해
서둘러 들판으로 나갈까나

이삭 팬 지 오랜 보리밭 가
빈 들판에 서서
돌아올 줄 모르는
종달이 대신해
오카리나를 불어볼까나

낙화

저승길이 마지막 길
다시 돌아올 수 없는
영원한 소멸의 길

보라!
떨어진 꽃잎
개울물에 떠 내려가다
나무토막에 얹혀
온전하게 더 예쁘게
다시 피어났음을

우리네도
더 아름답게
거듭 태어나는 인생
있으려나

사진에서 볼 수 있는 "떨어진 꽃잎"은 큰물칭개나물 꽃잎이다. [편집자]

여름

타래난초

하늘 향해 치솟은
초록 막대 따라
꽃 매듭으로 수놓은 섭리여

라푼젤의 금발 타래 줄은
구원자 왕자님의 몫이련만
저 찬란한 분홍 타래 줄은
누굴 위한 꽃매듭인가

장난기 어린 자연의 섭리 앞에
걸음 멈추고
사유의 한계 새삼 느끼다

작살나무 꽃

분홍빛 짧은 치마에
팔 벌려 하늘 우러르는
귀여운 무희들이여

풀벌레 소리 교향악 삼아
춤사위에 넋을 잃은
꼬마 발레리나

지나가던 걸음 멈추고
외로운 관객 되어
눈 속에 담아 본다
달콤한 너의 향기에 취해

흰제비꽃

아직 추위가 서성이는데
뽀얀 얼굴하고
신새벽부터
누굴 기다리시나

십자매들처럼 얼굴 처들고
여럿이 한 입으로
노래 부르네
강남에서 온다는 제비요
호호호

낮달도 하얗게
덩달아 웃음 짓네

잔털제비꽃

들판에 무리져 꽃핀 모습
초록 빛 호수 위를 날아가는
백학 같구나

멀리서는
검은색도 때로는
하얀 빛으로 보이는걸까

검정색 제비도
빠르게 날아가 버리면
우리 눈엔
그저 하얗게 영상만 남는 걸까
새하얀 제비꽃처럼

금낭화

예가 물 좋고 인심 좋기로 소문난
칠공주 댁이련가

며느리 감 찾아 재 넘어
서당골에서 온 김 첨지
달같이 둥근 복사꽃 얼굴에
색동저고리 받쳐 입고
툇마루에 나란히 걸터앉아
봄바람 쐬고 있는
일곱 처자들의 아리따운 모습에
그만 넋을 잃고 말문 막혀
그대로 돌아갔다는
칠공주 댁인가

메꽃

나팔꽃의 사촌들인가
아니면 그 외척들인가

별로 뽐낼 것 없지만
시골 들판에서
묵묵히 일하다
길 묻는 낯선 이에게
하얀 이 드러내 웃는
촌색시 같은 고운 자태여

가던 걸음 멈추고
너희 얼굴에서
지난날 우리 어머니들 모습
더듬노니

갯메꽃 1

명사십리 해당화는
두고 온 고향 땅의 꽃 이름
70년 세월 흘러도
그 향기 콧 속에 생생히 맴도네

“그대 다시는 고향에
돌아갈 수 없으리”는
옛 이야기 속 불운한
사내들의 이야기로만 알았었지

한때는 같은 나라
그 옛적 예(濊) 땅
동해 바닷가에 곱게 핀
갯메꽃 어루만지며
멀리 북녘 땅
고향 하늘 바라보다

갯메꽃 2

동해 바닷가 모래불에도
저리 탐스런
나팔꽃 피어나다니

얼굴 크게 벌려
하늘 향해
아니 먼 해원 향해
외치고 싶은 몸짓의 참뜻
알 수 없나니

길 가던 나그네
잠시 걸음 멈추고
저 묵음 속에 감춰진
속뜻 헤아려 보다

나도옥잠화

바위 틈에 솟아난
해맑은 얼굴
정녕 전설로만 전해오던
그 석화(石花)런가

이승에서 맺은 애달픈 인연
죽어서 천년 후에야
돌꽃으로 환생한다는
아름다운 여인이여

청초한 그대 자태
오늘 내 눈으로 어루만지지만
천년 후 내일엔
그 누가 너를 쓰다듬을까
내 사랑 옥잠화여

비비추

무더운 대낮에
무슨 기쁜 일 있어
저리도 요란스레
꽃등 주렁주렁 달았노

매미도 가고
쓰르라미마저 입 다문
나른한 오후

아이들의 장난기 어린
소리마저 멈춘 지 오랜
후미진 골목길
뚜벅뚜벅 노인의 지팡이 소리
비비추 꽃등에
쓸쓸히 울리다

좀비비추

시골 동네 새마을회관 위에
우뚝 솟은 스피커처럼
솟을대 위에 주렁주렁
꽃등 달고 무슨 뜻 전라려나

매미 소리 잦아드는
늦여름 숲 속에
이제 막 일렁이기 시작한
바람결 따라
여름 다 가기 전
어서 혼사 맺으라고 부추기는 건가

아니면
아랫동네 꽃밭에서
맴돌고 있는
벌과 나비에게
예쁜 색시감 예 많노라고
소리 높여 전하려는 건가

인동초

한겨울에도
푸른 잎 자랑할 때 보다
늦여름 주렁주렁
노란 꽃 흰 꽃과 어우릴 때
네 모습 더 예쁘고나

얼마 안 있어
서늘한 바람 수풀 속 일면
풀벌레 입 다물고
꽃잎마저 진 후
홀몸으로 덩그러니 남아 있겠지

그윽한 향내 취해
멀리 들판에서
벌 나비 몰려들던
그 때 그 시절 꿈꾸며
잔인한 계절 이겨 내려는가
인동초여

인동초(忍冬草)는 인동덩굴의 이명(異名) 중 하나이다. 이 이름만 보면 초본 식물 같으나 실은 목본의 덩굴식물이다. 잎의 일부가 지지 않고 추위를 견디며 월동한다고 해서 '인동'이라는 이름을 가졌다는데, 글쎄, 이런 강인한 식물이 어디 인동초 뿐일까 싶다. 꽃이 처음 필 때는 백색이지만 며칠 지나는 사이에 차츰 노랗게 변한다. 그래서 금은화(金銀花)라는 이명도 가지고 있다. 여기서는 시의 내용을 고려해서 추천명 인동덩굴 대신에 인동초라는 제목을 존중하기로 한다. [편집자]

달개비

더러는 보랏빛을
더러는 분홍빛
커다란 두 귀 쫑긋 세우고
무엇 듣고 있나

새벽 알리는
수탉의 활개짓일까
아니면 햇병아리들의
소근대는 목소릴까

우리에겐 들리지 않는
천상의 묵음에도 귀 기울이는
귀여운 얼굴 달개비꽃

달개비는 닭의장풀의 이명이다. 오늘날 통용되는 식물의 국가추천명 중에는 그 타당성이 의심스러운 것이 많지만 달개비라는 예쁜 이름을 버리고 닭의장풀이라는 이름을 추천한 것이 그 두드러진 사례 중의 하나이다. 이 사실을 아는지 모르는지 시인은 달개비라는 제목으로 시를 썼다. [편집자]

자주조희풀

하나가 아닌
여럿이 한데 모여 이룬 꽃송이는
누구에게 바치는 꽃다발인가

온통 풀빛으로 뒤덮은
숲속에 내민
짙은 보랏빛 얼굴들

땅에 뿌리 내린 생명들이
하늘에 알리곺은
고마움의 표시려니

연꽃 1

해마다 이맘때면
엷은 분홍빛으로
무리져 돌아옴은
이 땅에 태어난 죄로
일찍 목숨 바친
젊은이들의 넋이려니

칠팔십년 세월 흘렀어도
눈 감지 못하고 고향 땅에서
연꽃으로 환생하는
아름다운 젊은이들

그대들 영령 앞에
가던 걸음 멈추고
극락왕생하길
두 손 모아 기도하노니

연꽃 2

누구의 아름다운 넋이기에
진흙 바닥에서
저리도 맑은 얼굴 환생하나

한낮
뻐꾸기 울음소리에
연못에는 파르르 파르르 물결 인다

둥굴고 하얀 얼굴에도
겹겹이 스치듯
파문이 일렁인다

으아리

그대 으아리
바위 위에 피어난 연꽃
미륵불 지킴이

오백년의 미소
쌍석불 우러러 보며
하얀 웃음 지음은
득도의 의미련가

어리석은 중생
그대 앞에 멈춰 서서
묵음의 의미 헤아려보다

으아리는 여름철에 흔히 볼 수 있는 식물이지만 시인은 쌍미륵불 근처에서 꽃을 피우고 있던 특정한 으아리를 두고 이 시를 썼다. [편집자]

벌노랑이

어린것들 보면
왜 노란색 연상할까
햇병아리 때문일까
아니면 간난쟁이들의
노란색 똥 때문일까

어려서 시골서 본
잊혀지지 않는 장면은
샛노란 호박꽃 속 드나드는
온몸이 온통 노란 꽃가루 뒤집어 쓴
호박벌이었지

시방 들판에 흐드러지게 핀
벌노랑이는
간난쟁이 똥 위에
호박꽃 화분으로 치장한
귀여운 햇병아리들일까

물봉선

목젖이 보이도록
입 벌린 어린것들의 모습은
어쩌면 저리도 예쁜가

숲속에 은은히 울려 퍼지는 소리
그들이 내 뿜는
삶의 찬가려니

얼굴 없이 입만으로
생명의 기쁨 노래하는
숲속의 어린이 합창단

큰조롱

한 줄기에
주렁주렁 매달린 뭉치는
산신에게 바치는 꽃다발

진작 명약으로 이름난
뿌리는 땅속에 감추고
하얗게 웃고 있는 천진한 얼굴

저 예쁜 꽃을 죽여가며
뿌리 채 캐어야 하나
귀물 앞에 선 약초꾼의 흥분된 망설임

큰조롱은 뿌리를 백하수오(白何首烏)라는 약재로 쓰므로 흔히 재배되기도 한다. 야생 큰조롱은 남획으로 인해 만나보기가 쉽지 않다. [편집자]

애기똥풀

엊그저께까지만 하더라도
마을 어귀에는
아이들이 뛰노는 모습으로
온 동네 시끄러웠지

똥싸개들 다들 컸다고
저녁 연기 자욱하도록
배고픔도 잊은 채
정신없이 뛰놀고 있었던가

오늘 노는 아이 하나 없이
적막하기 그지없는 동네 어귀
그새 아스팔트로 다듬어진 호젓한 길
아파트촌의 젊은 여성 밀고 가는 유모차엔
눈망울 커다란 이국종 강아지 한 마리
눈을 껌뻑이며 앉아 있네
애기똥풀이 노랗게 피어 있는
동구 밖 들판 길로 산책하려나

애기똥풀은 봄부터 가을까지 꽃을 피우는 흔한 양귀비과 식물인데 줄기를 잘라보면 노란 진액이 나오므로 애기똥풀이라는 이름을 가지게 되었다. [편집자]

나리꽃

부끄럽고 부끄럽고
참으로 부끄럽게도
어린 시절 우리는
너를 유리꽃이라 불렀지

주황색이란 색상 이름도 모르는 채
그저 다이따이 이로의
표본으로 알았던가

하늘말나리 솔나리 참나리
육칠월 이글대는 햇볕 아래
들판에 고고하게 얼굴 내민 들꽃이여

무엇이 부끄러워 얼굴 숙였나
너희 이름 잘 못 불렀던 내가
되레 너희들 앞에 머리 숙이노니

백합과(科) 백합속(屬, Lilium)에 드는 많은 식물이 '-나리'라는 이름을 가지고 있지만 정작 '나리' 또는 '나리꽃'이라는 추천명을 가진 식물은 없다. 하지만 뭇 나리들 중에서 가장 흔한 참나리가 그 대표 격이며, 시의 내용을 볼 때 여기서 시인이 읊고 있는 것도 바로 그 참나리이다. [편집자]

말나리

나리 나리 말나리
참나리 중나리 솔나리
칠팔월 더위 속에
곱게도 피었구나

아침 이슬로 세수했나
한낮의 여우비에 멱감았나
해맑은 그 얼굴
무엇이 부끄러워 고개 숙였나

아랫 마을 개울가에서 노니는
말잠자리 불러와
그 힘찬 날개짓으로
곱디고운 네 얼굴 간지러 볼까나

큰제비고깔

육칠월 삼복더위 속
산 중턱에 드물게 피어나
어린 매미도 가지에 매달려
허물 벗겨 날려 보내는
너그러움이여

물색 좋은 보라빛 고깔 쓰고
웬 검은 수리부엉이
벌써 꽃 송이마다
도사라고 앉아 있네

허나 그대 곁에 내 머물 곳
찾을 길 없어
그저 바라보기만 하다
하산하는 서운한 마음이여

동자꽃

참으로 앙증맞게도
돐 맞이 어린것들
머리 위에 꽂아 둔
꽃장식 같구나

허나 그것이
강원도 어느 깊은 산 골
눈 속에 갇힌 절집에서
홀로 죽은 어린 동자의
무덤 위에 피어난
꽃에 연유된 것이라면
차라리
승복 쪼가리로 맞춘
어린 영령이라 할까나

어느 해 겨울철 한 높은 산골짜기의 암자에서 중이 양식을 구하러 하산했는데 마침 큰 눈이 내려 길이 끊어져 오랫동안 돌아오지 못했다고 한다. 혼자 절을 지키던 동자승은 추위와 굶주림을 견디지 못해 죽었고 이듬해 여름에 그의 혼령이 동자꽃으로 환생했다는 전설이 있다. [편집자]

층층잔대

층층이 매달린 너는
등(燈)꽃이냐 종(鐘)꽃이냐
나른한 수풀에
맑은 천상의 소리 울리다니

땡볕 더위로
벌레조차 울지 않는
한여름 대낮
바람결에 날리는
묵음의 울림은
애초의 소리려니

길 가던 나그네
층층잔대 앞에
잠시 걸음 멈추고
소리 없는 소리에 귀 기울이다

모시대

단조로운 풀밭에
보라빛 등꽃 피어 올린
알 수 없는 섭리여

풀벌레조차 울음 멈추고
산새들도 숲속 나무 위에서
가쁘게 숨 쉬는 삼복 더위

모시대 우쑥 솟아
산들대는 미풍일 때
주렁주렁 꽃등으로
천상의 소리 해맑게 울리려나

큰꿩의비름 1

우리네 식탁에 오르는 비름나물은
그저 푸른 초원인데
큰꿩의비름은
어찌 저리 화려한가

별빛 모양 오각의
분홍빛 꽃 송이들은
장끼의 요란한 옷치장에나
어울리는 꽃다발

허나 분에 넘치는 상대 탐하다
이웃의 벌 나비
발길 끊어질까 걱정되는
한갓된 마음이여

큰꿩의비름 2

손과 발
그리고 얼굴 전체를 들어
하늘 우러르는 모습
본 적 있던가

풀벌레 울음소리 조차 멈춘
고즈넉한 숲속
세상 태어났음을 외쳐대는
어린 꽃들의 함성

저 멀리
건너편 산속까지
메아리지네

늦여름-가을

뻐꾹나리

숲속 호숫가
뱁새 집에 몰래 낳아 놓은
새끼 데려갈 때 되었나
뻐꾹뻐꾹 뻐뻐꾹
늦은 오후 적막한 아파트촌에
웬 뻐꾸기 울음소리
아련히 울리네

파란 초가을 하늘 그리워
문득 베란다 창문 열어보니
아! 어느새 왔던가
새각시 같이 곱게 단장한
뻐꾹나리
나보다 한발 앞서
심해의 꼴뚜기처럼
촉수 드리우고
창밖에 귀 기울이고 있었네

뻐꾹나리는 꽃에 보이는 자주색 반점들이 뻐꾸기의 가슴에서 볼 수 있는 무늬를 연상시킨다고 해서 붙여진 이름이라는 설이 있다. [편집자]

계뇨등

초등학교 운동장
쥐똥나무 울타리 속
고개 내민
앙증맞은 귀여운 얼굴

수집어 조심스레
헤집고 나온
새하얀 얼굴에
어느 녀석 먹다 남은
포도 껍질 던졌더냐

보랏빛 얼룩진 채
웃음 머금은
앳된 너의 모습
지나가던 걸음 멈추고
두 눈에 담아 본다

누린내풀 1

짧은 치마에
긴 모가지 빼 물고
학처럼 고니처럼
날으려는 자태 보다
보랏빛 구슬로 오무려 있는
어린 네 모습 더 예쁘고나

정들면 누린내도
향긋한 젖내로 바뀌어진다지

저 꽃봉오리 반지 만들어
어린 손녀 손가락에 끼어 주고픈
앙증맞은 누린내풀 꽃

누린내풀 2

온 세상 안을 듯
가슴 펼치고
긴 모가지 뽑아내어
두리번거리는 모습이여

온통 보랏빛으로 성장한
자태 앞에
벌 나비도 섬뜻
다가가기 망설이네

온몸에 누린내 향수 뿌린
멋쟁이 아가씨
가을이 저물기 전
선뜻 혼사 이루어지려나

옥잠화

백옥 비녀로
뒷머리 치장한
새각시들의 모임인가

아니면
하얀 소매 펄럭이며
한바탕 놀아대는
농악패거리들의 춤사위인가

고즈넉한 저녁 나절
뚝방길 후미진 곳에
소복이 싸인 옥비녀
두근거리는 마음으로 어루만지다

물옥잠

꼬리로 휘젓던 올챙이도
개구리로 변신하여
떠난 지 오랜데
저리도 화사한 얼굴로
피어나다니

초가을 하늘
여유롭게 유영하던
말잠자리들 흘깃흘깃
네 모습 엿보다
먼 길 떠났네

논두렁길 걷던 나그네
걸음 멈추고
따스한 손길로
네 얼굴 쓰다듬다

닻꽃

드높은 창공
아니 드넓은 해원을
바상코자 하는
땅에 뿌리 내린 것들의
하나같은 염원인가

학 같이 갈매기 같이
훨훨 날곺은 꿈
닻에 묶인 운명
항변하는 몸짓이려니

푸른 하늘 우러러
멀리멀리 날려 보내곺은
과객의 헛된 꿈이여

금강초롱꽃 1

밝은 대낮에
저렇게 큰 초롱이
깊은 산 속에
불 밝히고 있다니

땅속에 묻혀서도
세상 못 잊어하는
어느 선각자의 현신인가

저승에 가서도 못내
이승을 염려하는
거룩한 뜻 금강초롱이여

금강초롱꽃 2

그 옛날 희랍에서
대낮에 진리 찾아 참사람 찾아
등불 들고 거리 헤맸다는
선각자의 그 등불인가

가을도 깊어가는 계절의 길목
산속 후미진 곳 대낮에
저리도 환한 등불 밝히다니

여기 동쪽 마을엔 이미
부처님 공자님
자리하고 있어
산속에 저리 걸어두었나

물매화

니가 더 크니
내가 더 크지

한밤 자고 나니
쑤욱
내 키가 더 자랐다
쏘옥
아니 내가 더 컸지
쑥쑥 쏙쏙

낮달이 웃으며 말하네
하늘서 내려다보면
내나 한가지여

쑥부쟁이

찬 바람에
찬 이슬에
다들 맥없이 쓰러졌는데
쑥부쟁이 너만 고개 쳐들고
마지막 들판 지킴이로
서 있구나

귀한 이름 하나
얻어내지 못해도
떠나가는 철새마저
배웅하며 홀로 들녘 돌보는
천덕군이

티끌 하나 없이 당당한
네 모습에 그만
도망가듯 피해 가굪은
부끄러운 마음이여

구절초

혼례 치른 지 며칠 안 돼
신랑 떠나보내는
새각시의 표정인가

해맑은 얼굴
샛노랗게 변해버린
우수 어린 입술이여

지나가던 팔랑나비
그 마음 알아채고
얼굴에 번진 눈물 닦아 낸다

만수국아재비

조심스레 치솟은
꽃대궁에 벌써
옹기종기 모인 것들은 무엇인고

작은 나비 거닐고
이미 피어났거늘
짙게 풍겨대는 향내는
누굴 향한 몸짓인가

괜스레 풀밭 서성이는
외로운 방랑자를 위한
계절의 선물일터

코스모스

– 고향역에서

무료하고 마음 심난한 어린 날엔
괜스레 역으로 나갔지

싫지 않게 종아리 간지럽히는
강아지풀 걷어차며
논두락 지나 신작로 따라
마중할 사람 하나 없는
역으로 나갔지

푸른 기 빨간 깃발 손에 든
제복 입은 역장님
굴렁쇠 메고 나타나면
철마는 큰 바퀴 굴리며 바람 몰고 나타났다
서둘러 떠나갔지

화단에 곱게 핀 키 큰 코스모스
바람에 나부끼다 멈춰선
고요해진 뜨락에 마주 서서
새털구름 수놓은 하늘을 쳐다 봤던가

산국

힘 약한 자들의
애잔한 역사 이야기
산성에 남아 있듯
계절의 끝자락을
색상으로 남기려나

저녁노을 지듯
산자락의 돌담
노랗게 물들인 섭리여

지나가던 길손도
노랗게 물든 얼굴로
갈 길 멀지 않음을
깨닫게 하는 뜻이려니

산국을 바라보며

초봄에 초등학교 담벼락을 개나리로
계절의 끝자락에 와선
오래된 산성 돌담을
산국으로 샛노랗게 붓질하는 섭리여

푸르름이 갈색으로 끝맺음이 자연의 이치로
하나가 전부인 것처럼 알던 우리에게
여럿이 함께 일구는 광휘
또한 하늘이 주는 메시지일까

온통 누렇게 물들인 벼 이삭 출렁이는
산 아래 들판에
때마침 낙조가 선사한
저녁노을 서켠 하늘 물들이면
이 또한 함께 끝나는 노란
황홀한 세상의 종말이련가

서양등골나물

백설공주의 얼굴색도
저리 하얀 보다 더 하얀
눈 빛이었을까

너무나 눈이부셔
시리다 못해 아리기까지 하구나

여기 동쪽 끝자락
찢어진 눈으로 궁글려도
거슬리는 것 보아 아무래도
여기는 니가 뿌리내리고 살 곳
아닌가 보다.

근년에 우리나라에 들어와서 살고 있는 여러 귀화종 식물 중의 하나이다. 번식력이 강해서 토착 생태계를 교란할지도 모른다는 우려를 자아내기도 했으나 실제로 어떻게 귀착하게 될지 지켜볼 일이다. [편집자]

박하 꽃 1

홀로 따로따로 아닌
무리져 피어 있는 것이
꼭 둥지 속 입 벌리고 있는
제비 새끼들 같구나

하늘 높아지고
소슬바람 간간이 이는
산속 수풀 속에 늦게 깨어나
기지개 펴다니

가던 길 멈추고
따스한 콧김으로 그 하얀 얼굴에
온기를 불어 넣을까나
너희 박하 향에 취해가며

박하 꽃 2

층층이 묶여진 꽃송이들은
누구의 손짓이기에
저리 소담스레 피어 있나

하늘 향해
소란스레 외쳐대는
저들의 보라빛 함성
초가을 하늘에 울려 퍼져

낮달도
가던 걸음 멈추고
하얀 얼굴로
빙긋이 웃음 지으며
내려다보네

땅꽈리

뒤우란 장독대 옆
주렁주렁 매달렸던
꽈리의 사촌들인가

열매 속 응어리를
터질세라 조심스레 빼내고
즐겁게 불어대던
그때 누이들 얼굴
선뜻 비쳐가네

내 이제 서툰 몸짓으로
입속에 넣고 우물대면
누이들이 하늘에서
하마 웃으실까

여기서 시인이 보고 읊은 꽃은 그냥 땅꽈리가 아니고 엄밀히 말해 노랑꽃땅꽈리였음을 밝혀 둔다.[편집자]

투구꽃

얼굴은 투구로 가려도
배곱 아래는
들어냈구려

무엇이 부끄러워
얼굴 가린 채
아랫도리를 드러냈노

온통 보라색 테두리로
몸은 감쌌지만
성기(性器)만은
보색으로
돋보이게하는
간절하고도 지혜로운 배려여

해국 1

갈매기 조차 얼씬대지 않는
바닷가 절벽에서
먼 해원 향해 웃음 짓는
고운 얼굴

달무리 지는 보름날 밤
청순한 자태
용왕님께 보이고저 함인가

출렁이는 뱃전에서
발돋음하며 엿보곱은
숫처녀의 화신이여

해국 2

산야도 아닌데
어쩌면 저리도
절벽 바위틈에서
하얗게 웃고 있을까

온통 숲이 노랗게 물들어
석양 하늘처럼 갈길 바쁜데
너는 곱디 고운 흰 얼굴로
그저 웃기만 하누나

길 가던 나그네
잠시 걸음 멈추고
너의 웃음 속에 감춰진
참뜻 헤아려 보다

해국은 다양한 농담(濃淡)의 청색 꽃을 피우지만 간혹 새하얀 꽃도 볼 수 있다. [편집자]

제주 해국

참으로 오랜만에
겨울비 내리는 바닷가
서성이다니

나도 어려서는
해풍 맞으며 자라온
바다의 소년이었지

탐라국 남쪽 끝자락
바위틈에 숨어
청라(靑羅)빛 웃음 머금은
해국 곁에
찬비 맞으며
돌하루방 되어 서다

꽃향유

온통 분홍빛 잔털 부풀어
늦 가을 산속 헤매는
때 늦은 길손들을 유혹하려나

이제 몇 밤 지나면
찬 이슬 내리고
산과 들엔 냉기가 감돌 터

아직 산속 헤매는 벌 나비여
저 분홍빛 유혹에 파묻혀
고독한 방랑
이젠 끝맺으려므나

마로니에 그늘에서

추적추적 봄비 맞으며
아름드리 말밤나무 밑에
무심히 서다

철 덜 든 젊은 날
여기 교정에서 너를 마로니에라고 부르고
왼 종일 구정물 흐르는 개천을
세느강 그리고 그 위에 걸친
미라보 다리를 건너며 나타샤며
카츄샤를 흠모했던가

지금은 흔적조차 없어진
붉은 벽돌 교실에서
지난날 사람들의 생각과
세상을 배우며 철이 들었었지

60년도 더 지난 오늘
마로니에 그늘 밑에
비를 맞으며 비목처럼 서다

소나무

함박눈 내린 대관령
고갯마루에 홀로 서서
먼바다를 응시함은
떠나온 여진 땅
고향 못 잊어서인가

덮인 눈으로
고개 숙인 우듬지는
감당하기 힘겨웠던
지난 세월의 이야기려니

소나무야 소나무야
늙은 소나무야
여기는 그 옛날 예(濊)나라 땅
이웃처럼 바닷길 드나들던
사촌들의 땅

이제 하나의 비목되어
예서 고요히 눈 감으리

[발문]

들꽃, 그리고 나그네의 묵음 듣기

李相沃 (서울대학교 명예교수)

내가 한 동인 모임의 단톡방에 띄엄띄엄 들꽃 사진을 올리기 시작한 지는 꽤 오래된다. 별 뜻 없이 파적 삼아 한 일이었는데 북촌(北村) 주종연(朱鍾演) 동인이 늘 예쁜 시로 화답해주곤 했다. 그렇게 한두 편씩 모인 시가 100편이 넘는다기에 나는 북촌에게 시집으로 엮어보지 않겠느냐고 했고 그는 오랜 기간 망설인 끝에 간행을 결심했다.

시집 간행을 부추긴 죄로 나는 북촌이 보내 준 120여 편의 시를 편집하는 일을 맡게 되었다. 시를 한 편씩 읽으며 꽃의 개화 시기별로 분류하는 과정에 그의 시에 산재하는 몇 가지 특성이 눈에 들어왔다. 이 자리에서는 그것을 하나씩 짚어볼까 한다.

무엇보다 먼저 내 주목을 끈 것은 꽃을 대하는 북촌 특유의 심경이랄까 마음의 틀이다. 그는 단순히 꽃의 아름다움을 완상하는 데 그치지 않고 꽃을 향해 적극적으로 마음 쏟기를 한다. 또 그는 꽃을 통해 모종의 묵음 즉 들리지 않는 소리까지 찾아 들으려 한다.

우선 꽃에 대한 시인의 애착부터 살펴보자. 이 시집의 첫머리에 실린 「복수초」에서 시인은 이른 봄에 더러 눈을 헤치고 나와 화려한 꽃을 피우는 복수초를 노래하다가 이내 꽃의 안위(安危)를 걱정하며 시를 다음과 같이 끝맺는다.

행여 감기라도 걸려
기침하며 시들까
따스한 빈손으로 **감싸**곱은
한갓된 마음이여 [이하 인용문의 볼드체는 모두 필자의 것임]

이 구절에서 내가 주목하는 말은 부사 "행여"와 동사 "감싸다" 그리고 형용사 "한갓되다"이다. "행여"는 꽃이 꽃샘추위에 감기라도 걸릴까 걱정하는 심경 묘사를 선도하는 말이다. 그리고 시인은 자기의 따뜻한 손으로 꽃을 감싸주고 싶다며 보호본능을 내비친다. 이처럼 꽃에 대한 시인의 애착은 단순한 마음 붙이기에 그치지 않고 능동적 행위로 진전하기도 한다. 이뿐만 아니라 그는 복수초꽃에 대한 자기의 마음 씀을 두고 한갓되다며 거리를 두기도 하는데 이런 언사의 성격에 대해서는 뒤에서 별도로 살펴보겠다.

꽃에 대한 애착이 보호본능으로 나타나는 사례는 이른 봄에 피는 꽃들을 읊은 시에서 빈번히 눈에 띈다. 이를테면 시인은 "행여 짓궂은 바람의 심술 / 감기라도 옮길세라 / 두 손 모아 / **감싸고픈** 마음이여"라며 들바람꽃을 노래하다가, 더러는 어휘를 바꾸어 "행여 감기라도 걸릴세라 / 네 앞에 꿇어앉아 / 따스한 빈손으로 / 찬바람 **막아줄까나**"(「변산바람꽃 2」) 또는 "시샘 많고 욕심 많은 사람들 / 행여 해칠까 / 너를 **지켜주곱은** / 두려운 마음이여"(「노루귀 3」)라며 심경 토로를 한다.

꽃샘추위가 끝나고 봄이 화사하게 무르익으면 시인의 마음은 감싸기에서 쓰다듬기로 이행한다. 가령 「만주바람꽃 1」의 마지막 연(聯)은 다음과 같이 끝난다.

가던 걸음 멈추고
주름진 두 손으로
조심스레 조심스레
네 얼굴 **쓰다듬다**

이 "쓰다듬다"라는 말은 물론 시인의 마음이 단순한 보호본능에서 능동적 애착으로 바뀌었음을 시사하는데 이 시집에서 네다섯 차례나 더 마주칠 수 있다. 이를테면 「나도옥잠화」의 마지막 부분은 "천년 후 내일엔 / 그 누가 너를 / **쓰다듬을까** / 내 사랑 옥잠화여"로 끝나며 「조팝나무」와 「물옥잠」 등에도 '쓰다듬다'가 등장한다. 이뿐만 아니라 시인은 이 낱말의 유의어라고 할 수 있는 **'어루만지다'**(「갯메꽃 1」)와 **'보듬다'**(「오랑캐꽃」) 같은 어휘도 활용하고 있다.

북촌이 꽃을 대하는 자세에서 두드러지게 드러나는 두 번째 특성은 일종의 관조이다. 여기서 관조라고 한 것은 시인과 꽃 사이의 영적 교류 같은 것인데 무엇보다 "천상의 소리"(「노루귀 1」 등등) 듣기로 이루어진다. 이 소리는 물론 인간의 귀에 물리적으로는 들리지 않는다. 가령 시인은 달개비꽃을 보면서 "우리에겐 들리지 않는 / 천상의 **묵음**에도 귀 기울이는 / 귀여운 얼굴 달개비꽃"(「달개비」)이라고 노래하는데 여기서 그 천상의 소리가 "묵음"임이 천명되고 있다.

묵음이라면 默音 즉 소리가 나지 않는 소리 혹은 소리는 소리되 들리지 않는 소리가 아닌가. 그런데 시인은 노루귀꽃과 달개비꽃이 하늘에서 나는 이 소리를 들을 수 있다고 믿는다. 이 소리가 혹여 고대 그리스인들이 믿던 '천체의 음악'(music of the spheres)을 말하는지 아니면 그저 우주의 신비를 시사하는 모종의 다른 특성인지 추측하기 어렵다. 하지만 아래에 인용한 「층층잔대」가 그것을 짐작케 하는 단서가 될 수 있을 듯하다.

층층이 매달린 너는
등(燈)꽃이냐 종(鐘)꽃이냐
나른한 수풀에
맑은 **천상의 소리** 울리다니

땡볕 더위로
벌레조차 울지 않는
한여름 대낮
바람결에 날리는
묵음의 울림은
애초의 소리려니

길 가던 나그네
층층잔대 앞에
잠시 걸음 멈추고
소리 없는 소리에 귀 기울이다 [「층층잔대」 전문]

이 시에서 시인은 자기가 말하는 묵음이 "소리 없는 소리"이되 "천상의 소리"이며 "애초의 소리"임을 명시적으로 밝히고 있다. 여기서 우리가 주목해야 할 것은 그 우주 태초의 소리를 이제는 시인 자신이 꽃을 통해 듣거나 들으려고 한다는 점이다. 하지만 이 소리의 정체는 여전히 베일에 가려져 있는데 「구슬봉이 2」라는 아름다운 시가 혹시 그 베일을 조금이나마 벗겨줄 수 있을지 모르겠다.

이보다 더 예쁜
웃음 있을소냐
갓난쟁이 두 손 펼쳐
하늘 향해 재롱떨듯
세상 태어남이
그리도 기쁜가

산골짜기 후미진 곳에
소리 없이 내민
보라 빛 얼굴

지나가던 나그네
저 **찬란한 묵음**에 어울릴
웃음의 의미 찾아
네 앞에 걸음 멈추다 [「구슬봉이 2」 전문]

시인은 구슬붕이꽃이 이 세상에 태어난 기쁨을 이기지 못해 "소리 없이 내민 / 보라빛 얼굴"이야말로 "저 찬란한 묵음"의 다른 모습 즉 소리가 빛으로 환원된 모습임을 암시한다. 그러므로 이 묵음이 대자연의 섭리와 관계있음이 어느 정도 분명해진다. 한편 「산국을 바라보며」에서는 시인이 "오래된 산성 돌담을 / 산국으로 샛노랗게 붓질하는 섭리"를 들먹이며 그것은 "하늘이 주는 메시지"라고 하는데 이 하늘의 메시지 또한 대자연의 묵음이 겉으로 표명된 것일 거라는 생각이 든다.

이 묵음 듣기의 주체는 물론 시인 자신이다. 그러나 무슨 이유에서인지 시인은 빈번히 "지나가는 나그네" 또는 "지나가던 길손" 혹은 "과객"을 내세워 서정(敍情)의 주체로서의 자아를 슬그머니 숨긴다. 그 이유를 짐작하기는 어려우나 들꽃에 대한 자기의 애착이 지나친 집착으로 흐르지 않게 해야겠다는 시인 자신의 심리적 견제와 관계있을 거라고 생각하고 싶다. 이를테면, 시인은 복수초꽃이 혹시 감기라도 들세라 손으로 감싸주고 싶어 한다든지(「복수초」), 지나치게 화려한 장식 탓에 벌과 나비가 발길을 끊을까 걱정하면서도(「큰꿩의비름 1」) 그런 마음을 "한갓되다"고 자평한다. 또 흉측해 뵈는 '발톱' 때문에 꽃이 행여 혼기를 놓칠까 걱정하는 자기 마음을 "부질없는 노파심"(「매발톱 1」)이라고도 한다. 하지만 이런 자평은 그의 걱정과 노파심이 실제로 부질없거나 한갓되다는 뜻보다 오히려 진정성을 지니고 있음을 반증하지 않나 싶다. 다시 말하면 시인은 아주 능청스럽게 한갓되다든가 부질없다는 등의 말을 앞세워 자기의 진심을 가리고 싶어한다. 이처럼 북촌은, '나'를 화자(話者)로 삼고 발언하는 여느 서정시인들과는 달리, 직접화법에만 의존하지 않고 빈번히 자기자신의 페르소나를 내세움으로써 자신과 대상체 사이에 일정한 거리를 유지하려고 한다.

지금까지 나는 북촌이 들꽃 시를 쓰며 드러낸 애착과 관조의 성격을 살펴보았는데 혹여 그의 꽃시에서 찾아볼 수 있는 것은 그게 전부인 것처럼 비쳤을까 걱정이다. 북촌은 기왕에 두 권의 시집을 낸 바 있고 또 가족과 두고 온 북관땅에 대한 추억이 절절히 스며있는 아름다운 서정시와 동서의 역사를 종횡무진 오가는 서사시도 여러 편 썼다. 그런 그가 어찌 들꽃에 대한 애착과 관조에만 머물며 나그네의 묵음 듣기에 만족할 수 있을 것인가. 이 시집에는 다음과 같은 시도 실려 있는데.

만주바람꽃 3

처녀 몸으로 끌려간
북쪽 땅이 그리워서가 아니다
우리를 지켜주지 못한
이 땅의 남정네들이 미웠다

운 좋게 고국으로 간신히 돌아왔건만
화냥년이라 멸시한
못난 저들이 더 싫어
저승길 택했노라

혹여 내 죽어 흰 꽃으로 환생하거든
만주 쪽 바람이 불어오는 봄날엔
나 잠시 이 땅에 머물다

떠나갔음을 기억해다오

— 어느 화냥년의 유언

북촌은 봄철에 피는 애잔한 만주바람꽃을 보고 이 시를 썼는데 한 편의 서정시로도 일품이거니와 한 긴 서사시의 모태를 품고 있는 듯해서 더욱 값져 보인다.

들꽃의 노래

초판 1쇄 발행 2026년 2월 10일

지은이 주종연
사 진 이상옥
펴낸이 김길준
펴낸곳 (학)신구학원신구문화사
디자인 은디자인

주 소 경기도 성남시 중원구 광명로 377 신구대학교 우촌학사 1층
전 화 031-741-3055~6
팩 스 031-741-3054
이메일 shingupub@naver.com
홈페이지 www.shingubook.com
출판등록 1968년 6월 10일

©주종연, 이상옥 2026

ISBN 978-89-7668-293-2 03800

* 잘못 만들어진 책은 구입한 곳에서 바꿔 드립니다.
* 책값은 뒤표지에 있습니다.